AF397746

GUERILLA-CLEANING

Wie Du den Krieg gegen
Deinen Haushalt gewinnst!

Bibliografische Informationen der Deutschen Nationalbibliothek:
Die Deutsche Nationalbibliothek verzeichnet diese Publikation in der
Deutschen Nationalbibliografie, detaillierte bibliografische Daten
sind im Internet über dnb.dne.de abrufbar.

TWENTYSIX – Der Self-Publishing-Verlag
Eine Kooperation zwischen der Verlagsgruppe Random House und
BoD – Books on Demand

© 2017 Rees, Victoria

Herstellung und Verlag:
BoD – Books on Demand, Norderstedt.

ISBN: 9783740729912

INHALT

BASICS

INTRO I

Das Wichtigste vorweg:

PUTZEN MACHT KEINEN SPASS!

Daran kann ich nichts ändern.
Aber man kann sich das Leben beim Putzen
wesentlich vereinfachen.
Deshalb:

GUERILLA-CLEANING!

INTRO II

Eines Tages gelangte ich zu der Erkenntnis, dass ich den *Krieg* gegen meinen Haushalt niemals und schon gar nicht auf regulärem Wege gewinne.
Deshalb begann ich Untergrundmethoden zu entwickeln, mit denen man die lästige Arbeit auf
* unkonventionelle Weise
* schnell, effektiv
* und flexibel

erledigen kann. Als Guerilla-Kämpfer also!
Klingt doch viel cooler als Putzfrau oder -mann!

Ein Guerilla-Kämpfer ist jemand, der im Untergrund gegen einen Feind kämpft und dabei eine hohe Mobilität und Flexibilität zeigt.
Denn vorbei sind die Zeiten der *Putztage* unserer Mütter. Als diese den Vormittag -während wir in der Schule waren- damit verbrachten den Staubsauger zu schwingen oder die Fenster zu putzen.

Beim Guerilla-Cleaning wird die Hausarbeit *irgendwie* nebenbei erledigt.
Bis auf den Punkt „Staubsaugen" erfordert dies keine großen Investitionen und außerdem – ganz wichtig! - den Einsatz von wenig Chemie.
Der „irgendwie nebenbei" - Punkt ist mir **besonders** wichtig! Denn den Haushalt muss man erledigen, wenn man nicht im Chaos versinken möchte.
Aber mich ihm uneingeschränkt zu widmen finde ich grausam.
Deshalb also die „Quick and Clean"-Methode.

Ein weiterer Punkt, der beim Guerilla-Cleaning zentral ist: Kontinuität!
Ohne Kontinuität wird man nichts erreichen.
Ok, ok das gilt immer für die Hausarbeit.

Nur kann man sie
- einerseits mit viel Arbeit auf konventionellem Wege erledigen,
- oder mit möglichst wenig Aufwand und bequem durch Guerilla-Cleaning.

Du merkst: An der Arbeit an sich führt kein Weg vorbei. Aber Guerilla-Cleaning ist die bessere Alternative!

Und noch etwas ist toll:
Man macht sich kaum die Hände nass. Es drohen keine Latex-Handschuhe oder vom Wasser runzlig gewordene Finger.

Und, nimmst Du den Kampf auf?

EQUIPMENT

Das brauchst Du als Grundausstattung für Deinen
Feldzug:

> ⇒ 3 Sprühflaschen 500 ml (als Starter-Set),
> und zwar
> No. 1 - für Wasser und einem kleinen Anteil
> Spülmittel (ca. 10 Tropfen für eine halbe)
> No. 2 - mit Wasser und einem Schuss
> Essigessenz
> No. 3 - mit Wasser
> ⇒ einen Abzieher
> ⇒ einen Fensterwischer (mit Bezug!)
> ⇒ diverse Lappen und Tücher
> ⇒ Bodenwischer mit Mikofaserbezug
> ⇒ Spülmittel
> ⇒ Essigessenz
> ⇒ Spülbürsten
> ⇒ einen Pinsel (Durchmesser: ca. 2 cm)
> ⇒ Putzhandschuhe (haben die Form von
> Waschlappen – kein echter Handschuh - aus
> Mikrofaser mit einer weichen und einer
> angerauten Seite)
> ⇒ feuchte Allzwecktücher (ganz toll!)
> ⇒ Kosmetiktücher
> ⇒ große Wäschesäcke (ca. 20 Liter - waschbar)
> ⇒ Eine Geheimwaffe zum Staubsaugen (dazu
> später mehr).
> ⇒ Eine Geheimwaffe aus Stahlwolle und Seife
> (keine Schleichwerbung –absolut
> unentbehrlich!)

Das meiste davon müsste vorhanden sein.
Lediglich an der Sprühflaschen-Front wirst Du
aufrüsten müssen.

FENSTER

I. FENSTER PUTZEN TEIL 1:

Fenster putzen ist anstrengend!

Man schleppt, bei der konventionellen Vorgehensweise, einen Eimer Wasser daher. Vielleicht eine Leiter. Im Wasser befindet sich Chemie, die die Werbung als geeignet anpreist. Man benötigt einen Lappen zum Putzen (Fensterleder) und mind. einen zum Trockenwischen.
Manche Zeitgenossen glauben, dass man die Fenster am besten mit Zeitungspapier trocken wischt.
Also bei mir passiert auf diesem Wege nur eins:
Meine Stimmung sinkt! Und das wollen wir ja nicht!
Deshalb machen wir das ab sofort ganz anders.

Das brauchen wir beim Guerilla-Cleaning:
No. 1- Sprühflasche mit Wasser und einem kleinen Anteil Spülmittel[1]
No. 2- Sprühflasche mit Wasser und einem kleinen Anteil Essigessenz[2]
No. 3- Sprühflasche mit Wasser
Daneben einen Abzieher, einen Fensterwischer und ein Tuch.
Für den Innenbereich außerdem ein altes Bettlaken.

Los geht's mit No. 1. Das Fenster von oben bis unten einsprühen. Anschließend nahtlos No. 2 drauf. Dann einmal mit dem Fensterwischer kreuz und quer über das Fenster bis jeder Bereich mind. 1x gewischt wurde.

---

[1] Bei einer halb vollen Flasche etwa zehn Tropfen.

[2] Bei einer viertelvollen Flache einen großzügigen Schuss aus der Essigessenz-Flasche.

Anschließend kommt No. 3 zum Einsatz.[3]
Ebenfalls von oben bis unten großzügig einsprühen,
so dass im Endeffekt das ganze Wasser -der
Schwerkraft folgend- nach unten läuft.

Nun mit dem Abzieher abziehen (im Innenbereich
vorher das alte Laken vor das Fenster legen!). Mit
einem trockenen Tuch die Ränder trockenwischen.
Fertig!

Und hat sogar Spaß gemacht! Denn das Sprühen geht
sehr gut von der Hand, die Hände bleiben trocken und
das Ganze flott und umweltfreundlich.
Also, auf zum ersten Praxistest!

---

[3] Alternativ kann man -falls vorhanden- Regenwasser nehmen. Das
wird absolut streifenfrei!

II. FENSTER PUTZEN TEIL 2:

„Ja," wirst Du jetzt sagen „Und was ist mit den Dachflächenfenstern?"
Die, die man so umständlich auf die Rückseite drehen muss und dann der ganze Dreck in die Wohnung fällt.

Auch hier gibt es eine simple Möglichkeit.
Wir benötigen fast das gleiche Equipment, wie bei Teil 1, allerdings für den Außenbereich statt des Fensterwischers einen Bodenwischer mit Mikrofaser-Bezug. Den Abzieher können wir nicht gebrauchen.

Mit diesem Equipment ausgestattet, gehen wir wie folgt vor (Allerdings nur, wenn es nicht windig ist!):

Wir öffnen das Fenster großzügig (nicht auf die Rückseite drehen),
und starten erneut mit No.1, sprich sprühen das Fenster ein.
Nahtlos folgt No. 2.
Nun steigt uns der Bodenwischer aufs Dach bzw. aufs Fenster.
Kreuz und quer können wir mit dem Wischer bequem hin und her wischen ohne das Fenster festhalten zu müssen.
Wenn wir der Meinung sind, dass wir jede Stelle sauber gewischt haben, benötigen wir No. 3.
Allerdings sprühen wir diesmal nicht, das wäre zu anstrengend.
Wir öffnen den Sprüher oder nehmen eine kleine Gießkanne und lassen großzügig Wasser über das Fenster laufen.
Vorsicht! Das Fenster nicht zu schräg halten, sonst läuft Wasser ins Zimmer.
Wenn genug Wasser auf dem Fenster ist, dasselbe ablaufen lassen, heißt: Fenster schließen. Ggf.

Procedere wiederholen.
Dabei belasse ich es dann. Wahlweise kann man das Fenster mit einem anderen Bodenwischer trocknen.

Im Innenbereich wische ich mit einem Tuch, auf das ich zunächst großzügig erst No. 1 und dann No. 2 gesprüht habe. Dann mit einem anderen Tuch trocken wischen. Ansonsten landet zu viel Sprühnebel auf dem Boden und den wollen wir ja – noch nicht - wischen.

Das Ergebnis könnte (je nach Verschmutzungsgrad) sicher perfekter sein, für mich ist es, wenn regelmäßig ausgeführt, ausreichend.
Ich hoffe, für Dich auch!

III. FESTER PUTZEN (GUERILLA TOTAL)

Wem Teil 1 immer noch zu aufwändig ist, der kann
auch wie folgt vorgehen:
Man braucht No. 1 und No. 2.
Dann ein sauberes Baumwolltuch (es geht auch ein
altes Unterhemd).
Und für den Innenbereich ein altes Handtuch. Dies
bitte vor das Fenster legen, bevor es los geht.

Nun No. 1 und No. 2 auf das Tuch auftragen und mit
dem Baumwolltuch in schwungvollen, kreisenden
Bahnen das Fenster komplett abwischen.
Dies tun wir so lange, bis es wieder trocken ist.
Das kann ein wenig dauern, da sich manchmal ein
interessanter Film auf das Fenster legt. Durch reichlich
wischen geht der aber wieder weg und das Fenster ist
danach herrlich sauber.[4]
Bei total verschmutzten Fenstern funktioniert das
allerdings nicht!

---

[4] Wenn die Sonne scheint, sieht das manchmal interessant aus.
Aber sauber ist es...

FUSSBÖDEN

I. STAUBSAUGEN

Zum Staubsaugen braucht man einen Staubsauger. Ist
klar!
Beim Guerilla-Cleaning nutzen wir die neusten
Methoden der Technik!

Den Staubsauger-Roboter![5]

Diesen Segen der Technik *muss man* haben. Sie sind
genial.

Hat man früher den immer (!) schweren Staubsauger
keuchend durch die Wohnung geschleppt, holt man
heutzutage so ein kleines Ding von seiner Ladestation,
setzt es in ein vorher parat gemachtes Zimmer, und
los geht's!
Parat gemacht bedeutet, dass man möglichst viel
nach oben stellt (z.B. Stühle) und außerdem alles
wegräumt, woran sich unser *Knecht* verschlucken
oder verheddern könnte (z.B. Stromkabel)

Dann genießt man die gewonnene Freizeit, kocht sich
einen Tee und freut sich darüber, dass ein anderer die
Arbeit macht. Allein das ist die Investition wert!

Wenn er fertig gesaugt hat, muss man das Behältnis
(Achtung Staub!) entleeren. Dann kommt der Roboter
wieder an seine Ladestation und wartet auf den
nächsten Einsatz. Wunderbar - wirklich!!!!!

---

[5] Ich empfehle hierbei die Testergebnisse des Roboters zu
kontrollieren und weise darauf hin, dass man einen normalen
Staubsauger oder einen Akku-Sauger allerdings weiterhin für
Treppen und Ecken braucht. Aber das ist ja unsere leichteste
Übung!

II. FUSSBÖDEN WISCHEN (DIE FLOTTE ALTERNATIVE)

Ausgangssituation:
Kurzfristig hat sich Besuch angesagt und der Fußboden benötigt eine feuchte Reinigung. Man hat aber keine Zeit mehr (und keine Lust!) einen Eimer mit Reinigungswasser einzulassen und den Wischer an den Start zu bringen.
Was nun?
Man holt sich:
No. 1, die Sprühflasche mit Wasser und dem Anteil Spülmittel
und
No. 3- Sprühflasche mit Wasser
Außerdem einen Schrubber (Vorsicht, je nach Bodensorte keine zu harten Borsten einsetzen) und ein Bodentuch.
Und schon geht's los:
Mit No. 1 sprüht man zu reinigende Fläche ein. Je nachdem wie viel Zeit Du hast mehr oder weniger!

Achte darauf, dass die Fläche nicht zu groß ist, damit Du nicht in das Feuchte hinein tritt's.
Nun nimmt man den Schrubber und putzt flott über den Boden.
Dann mit No. 3 Wasser auf den Boden aufbringen und mit dem Schrubber und einem trockenen(!) Bodentuch das Wasser wie beim konventionellen Putzen aufwischen. So arbeitet man sich Stück für Stück rückwärts voran!
Ganz flott und ohne Gefahr den Eimer umzulaufen.
Am Ende das Tuch gründlich durchspülen.

Am besten hat man natürlich vorher den Staubsauger arbeiten lassen. Aber wenn keine Zeit mehr ist, dann geht es auch ohne. Schließlich muss das Ganze noch trocknen.

Für große Räume bietet sich diese Methode nur bedingt an.
Aber besser als gar nicht geputzt!

III. FUSSBÖDEN WISCHEN (DIE GANZ-FLOTTE ALTERNATIVE)[6]

Muss man mal ganz flott dem Staub zu Leibe rücken, dann sollte man folgende Vorgehensweise anwenden.
Man braucht:
2-3 Küchentücher aus Papier (1x falten) auf die man No.1 so aufbringt, dass es nicht durchnässt und nicht einreißt. Und schon geht's auf Staubjagd (dabei muss man sich wohl oder übel hinhocken).

Achte darauf nicht zu wild hin und her wischen. Am besten das Küchentuch gleichmäßig und gerade über den Boden ziehen, bis der gröbste Staub eingefangen ist. Bei Bedarf das ganze Spiel wiederholen.
Das war's.

Auch hier gilt:
Nicht perfekt, aber besser als gar nicht geputzt!

---

[6] Für Ecken oder ganz kleine Räume z.B. im der Gästetoilette, auf der Holztreppe.

III. FUSSBÖDEN WISCHEN (GANZ REGULÄR)

Haben wir mal Zeit, wollen wir natürlich nicht zu viel davon verschwenden.

Um die Böden in Ruhe zu wischen benötigen wir:
Einen Bodenwischer mit Mikofaserbezug.

Achtung und jetzt kommt ein Dogma!
Im Rahmen des Guerilla Cleaning's kommt kein Eimer zum Einsatz!
Grund: Das Wasser in Eimern ist am Anfang sauber. Wenn man aber zum ersten Mal einen Putzlappen o.ä. durchzieht, ist das Thema durch. Danach putzt man mit zunehmend dreckigem Wasser.

Also machen wir das anders.
Natürlich muss vor dem Wischen gesaugt werden (am liebsten mit dem Roboter). Dann nehmen wir den Bodenwischer und machen ihn im nächstgelegenen Waschbecken nass.
Dann ein wenig No. 1 (kennen wir ja schon) drauf und los geht's mit dem Wischen. Hast Du den Eindruck, dass Dein Wischbezug genug Schmutz aufgenommen hat, geht's zurück zum Waschbecken. Dort wird der Bezug ordentlich unter fließendem Wasser gereinigt. Und auf geht's in die nächste Runde, und das ohne den Dreck von der Vorrunde zu verteilen. In der Regel ist es ausreichend (bei Standardgröße) den Wischer drei bis vier Mal zu spülen.

Danach sprühen wir das soeben genutzte Waschbecken mit No. 1 ein und mit einem Mikrofaser-Putzwaschlappen (siehe nächstes Kapitel) trocken.
So hinterlässt Du auch dies sauber!

BAD

I. BAD PUTZEN (1. TEIL – DAS WASCHBECKEN)

Die Bodenreinigung funktioniert auch im Badezimmer
wie oben beschrieben.
Aber es gibt ja noch andere Fronten, z.B. das
Waschbecken.
Das ist eine Dauerbaustelle. Damit muss man leben.
Mitbewohner, Staub und Kalk sind als
Hauptverursacher zu nennen.
Aber zumindest zeitweise kann man gute
Putzergebnisse erzielen.
Und dies auf einfachem Wege!

Man benötigt:
No. 1, die Sprühflasche mit Wasser und dem Anteil
Spülmittel
Damit wird das Waschbecken großzügig eingesprüht.
Darüber hinaus benötigst Du eine Spülbürste.
Mit dieser geht man kreuz und quer durchs ganze
Waschbecken (auch hinter und unter den
Wasserhahn).
Ist alles sauber, rückt man dem Kalk zusätzlich mit No.
2- Sprühflasche mit Wasser und Essigessenz auf den
Pelz.
Hier setzt Du bitte auf gleiche Art und Weise die
Spülbürste ein.
Im Anschluss mit klarem Wasser nachspülen und mit
einem Handtuch trocken wischen. Fertig!

Sofern eine ganz flotte Reinigung von Nöten ist,
empfehle ich statt der Spülbürste den
Putzwaschlappen aus Mikrofaser.
Hier ist eine Seite angeraut und dient der Reinigung.
Die andere Seite ist weich und dient dem
Trockenlegen.

Wirklich sehr praktisch!

Für hartnäckige Verschmutzungen empfehle ich hin und wieder auf gleiche Weise den Gebrauch von Scheuermilch. Ist Dein Waschbecken nicht aus Keramik, solltest Du allerdings prüfen, ob die Oberfläche den Einsatz verträgt.

II. BAD PUTZEN (2. TEIL – ABLAGEFLÄCHEN)

Neben dem Boden und dem Waschbecken müssen
auch die (gefliesten) Ablageflächen regelmäßig
gereinigt werden.
Um dies zügig zu bewerkstelligen bietet es sich an,
möglichst viele Dinge in Schränken zu verstauen und
Flächen frei zu halten, von Cremetöpfen,
Rasierschaum & Co.
Dadurch hat man außerdem einen ordentlichen
Gesamteindruck.

Hinzu kommen zwei weitere Vorteile:
Erstens stauben diese Dinge nicht ein.
Zweitens hat man freie Bahn zum Putzen.
Ablagefläche putzen kann man auf unterschiedliche
Art und Weise:

1. Die „Zwischendurch-Methode":
Tauscht man z.B. dreckige Handtücher gegen saubere
aus, nutzt man (regelmäßig!), die alten Handtücher um
über Flächen zu wischen.

2. Die „wenn wir es ernst meinen"-Methode:
Natürlich kann man auch hier die Sprühflaschen
nutzen.
No. 1 und
No. 3 müssen ran.
Jeweils 1x hintereinander die Flächen mit jeder
Sprühflasche besprühen und mit einem
Mikrofasertuch nach wischen. Dann mit einem
trockenen Baumwolltuch oder alten Handtuch nach
wischen. Fertig!

3. Die „wir meinen es alternativ ernst"- Methode:
Wahlweise kann man die Technik von 2. auch mit dem
Mikrofaser-Handschuh bewerkstelligen. Mit der rauen
Seite kann man z.B. Klebriges von Oberflächen
entfernen.

Sofern die Ablageflächen aus einem anderen Material
als Fliesen bestehen, ist die beste Putzmethode oder
das beste Reinigungsmittel diesen anzupassen.

III. BAD PUTZEN (3. TEIL A - DUSCHE & CO.)

Nun können wir im Bad beim Boden, dem Waschbecken und den sonstigen Ablageflächen einen Haken setzen.
Es bleiben *nur noch* die Duschkabine (plus/alternativ ggf. Badewanne) und die Wände übrig. Zu den Wänden komme ich in Teil 4.

Die Duschkabine:
Die Duschtasse putze ich wie das Waschbecken. Nur, dass man dabei nicht umhin kommt, sich zu bücken.

Zur Erinnerung:
Man benötigt: No. 1
Damit die Duschtasse großzügig einsprühen.
Daneben kommt wieder eine normale Spülbürste zum Einsatz. Hierbei gilt: Je größer desto besser! Mit dieser geht man kreuz und quer durch die Duschtasse.
Ist diese ansatzweise sauber, rückt man dem Kalk zusätzlich mit No. 2 auf den Pelz (gerne eine Weile einwirken lassen). Hier setzt Du bitte auf gleiche Art und Weise die Spülbürste ein.
Bitte regelmäßig auch den Spritzschutz an der Duschkabinentür einsprühen. Dort setzt sich sonst unschöner Schimmel fest. Diesen mit Küchenkrepp trocken wischen.

Die Duschkabine kann man außerdem nach jedem Duschen –vor der Benutzung des Abziehers– mit Spüliwasser einsprühen und dann abziehen (auch die Wand). Damit bekommst Du sie schon recht nett sauber. Aber das reicht uns auf Dauer nicht.

Für die reguläre Reinigung nimmt man No. 1.
Bei No. 2 ist wegen des Essigs Vorsicht geboten.
Fraglich ist, ob die Oberfläche das verträgt. Wenn dies
sichergestellt ist, dann hilft es sehr gut gegen Kalk.
Die Duschkabine also einsprühen und (Achtung neu!)
mit einem großen Mikrofaser-Tuch wischen.

Dann mit klarem Wasser nachspülen und mit einem
Handtuch trocken wischen. Fertig!

IV. BAD PUTZEN (3. TEIL B – DUSCHE & CO – DIE FAULTIERMETHODE)

Warum nicht mal die Zeit für einen arbeiten lassen? Zumindest was die Duschtasse angeht, ist das möglich.

Denn wenn sie eine Reinigung nötig hat, wir aber
- keine Lust
- Rückenprobleme
- oder keine Zeit haben,

dann sollte man trotzdem dem Reinigungsbedarf nachkommen.
Alles andere rächt sich!

Also flott die Haare aus dem Abfluss entfernen, Wasser einfüllen[7] - am besten lauwarm - und dann einen Schuss Essigessenz[8] dazu. Sofern Du einen Spritzschutz an Deiner Duschkabine hast, solltest Du diesen ab machen und mit in das Wasser legen. Die Dinger neigen ja dazu hässlichen Schimmel bzw. Kalk anzusetzen.
Dann lassen wir die Zeit (1-2 Stunden) für uns arbeiten. Wunderbar!
Mit einer Spülbürste anschließend kreuz und quer durch die Duschtasse.[9] Das Wasser ablassen.[10] Den Spritzschutz mit einer alten Zahnbürste reinigen. Mit klarem kalten Wasser nachspülen, trockenwischen, fertig!

---

[7] Maximal halbvoll.

[8] Achtung da Essigessenz eine Säure ist, nicht zu viel davon nehmen, sonst wird die Duschtasse stumpf! Oberfläche vorher kritisch prüfen.

[9] Ggf. beim Einsatz der Spülbürste ein wenig Wasser ablassen.

[10] Dabei möglichst nicht mit dem Wasser in Berührung kommen. Wenn überhaupt nur kurz.

V. BAD PUTZEN (4. TEIL – DIE WANDFLIESEN)

Bleiben noch die gefliesten Wände, die man hin und wieder mit putzen muss (Ja doch!). Da ich es nicht zu kompliziert machen möchte, nutze ich hierfür den normalen flachen Bodenwischer mit dem abnehmbaren Mikofaserbezug (bitte beim ersten Mal einen neuen benutzen, der danach stets für diesen Zweck genutzt wird).

Die Wände werden mit No. 1 eingesprüht.
Den Bezug im Waschbecken (das bitte vorher nicht geputzt wird!) durchspülen (wie beim regulären Bodenwischen).
Den gut ausgewrungenen Bezug auf den Wischer und dann in Reihen von oben nach unten einmal die Wand wischen. Kreuz und Quer vermeiden - das sieht man!
Den Wischer bei Bedarf zwischendurch im Waschbecken reinigen.

Dass sich der Einsatz lohnt, sieht man dem Bezug an. War er eben noch weiß, ist er es danach nicht mehr. Tja, der Staub klebt auch senkrecht!

VI. BAD PUTZEN (5. TEIL – DIE BADEWANNE)

Eine Badewanne ist super - jedenfalls solange man sie nicht putzen muss.
Denn beim Putzen derselben wird es schweißtreibend.
Doch das muss nicht sein!

Zum einen kann man ½ der Badewanne permanent z.B. mit einen passenden Brett abdecken. So gewinnt man Abstellfläche. Außerdem staubt der abgedeckte Teil nicht so schnell ein.
Für Personen, die täglich baden, bietet sich das selbstverständlich nicht an.
Da viele aber nur noch duschen, findet eine Badewanne eher selten Einsatz.
Das führt dazu, dass sie kräftig einstaubt, ...wenn man nicht kontinuierlich dagegen ankämpft.

Zur Beseitigung von *Staubschäden* im Rahmen eines *„fast cleaning"* schlage ich folgende Vorgehensweisen vor:
1. Nutzung der an einer Badewanne vorhandene Handbrause, um Staub grob weg zu spülen.
2. Nutzung von feuchten Reinigungstücher (s. auch nächstes Kapitel), um Flecken, die sich um den Abfluss und auf dem Rand bilden, zügig weg zu wischen. Und schon blitzt die Wanne wieder.
Natürlich tut sie das nicht, wenn man es nicht regelmäßig macht.

Hin und wieder muss das Brett runter, damit man die Wanne komplett säubern kann. Hierfür empfehle ich die bekannte *Sprühflaschenarmee* zusammen mit einer Spülbürste.
Ist die Wanne stärker verschmutzt, bietet sich der Einsatz von Scheuermilch an (Material vorher prüfen!).

FÜR FAST ALLES

I. PUTZEN WO ES NÖTIG IST

Ein weiterer Segen des modernen Putzens sind -
neben dem Saugroboter- feuchte Allzwecktücher.
Sie sind (jedenfalls wenn es die Packung verspricht):
- stark reinigend (wirklich!!!!!!)
- antibakteriell
- wirksam gegen Bakterien und Pilze
- perfekt für die Hygiene im Haushalt

Immer wenn Du schnell etwas reinigen möchtest oder
hartnäckige Flecken Dir das Leben schwer machen,
solltest Du sie zur Hand haben.
Da sie in der Regel in einer 50-80 Stück-Packung
daher kommen, kann man nach Bedarf 2-3 Tücher
gleichzeitig nehmen.
Egal, ob Küchenschränke, Türklinken, Schreibtisch,
Gartenmöbel oder die Toilettenbrille - diese Tücher
sind für alles gut. Sie beseitigen problemlos Flecken,
wo sich Spülmittel schwer tut. Lediglich auf Holz oder
Stoff verwende ich sie nicht.

Um sie griffbereit zu haben, habe ich eine Packung in
der Küche, eine im Bad und eine im Keller deponiert.
Wirklich toll!

II. OLD SOCKS

Alte Socken braucht niemand und möchte auch
niemand. Nicht mal die Kleidersammlung macht hier
Sinn. Also weg mit den alten Dingern!?
STOP!
Noch nicht!
Denn die alten Dinger[11] können wir noch *ein einziges
Mal* brauchen
- zum Staubwischen!

Wie geht das?
Man streift sich die Socke über die Hand.
Handelt es sich um solche Socken, die innen angeraut
sind (z.B. Sportsocken) dann bitte die raue Seite nach
außen. Nun haben wir quasi einen Putzhandschuh. Mit
diesem wischen wir über angestaubte Flächen.
Gerne auch über solche, die wir gerne vergessen und
die deshalb angestaubter sind als andere (z.B. auf
Bilderrahmen oder Türrahmen).

Haben wir den Eindruck, dass wir im Verhältnis zur
Oberfläche der Socke genug Staub aufgenommen
haben, dann ziehen wir ihn von der Hand ab, drehen
ihn um und entsorgen ihn zusammen mit dem Staub.
Die Hand noch einmal hinein zu stecken bietet sich
nicht an. Sonst haben wir den gerade
aufgenommenen Staub den Händen bzw. würden ihn
beim Herausziehen erneut verteilen.

Also ab an die Sockenschublade - alte Socken
rausgesucht und los geht's!

---

[11] Und zwar solche, die wir trotzdem noch mal gewaschen haben.

III. PINSELEINSATZ

Eine Reinigung mittels Pinsel nutzt man für Stellen, bei denen sich Staub an unzugänglichen Stellen „versteckt". Anwendungsbeispiele sind z.B. Fernbedienungen, Schreibtischlampen oder ein Radio (Lautsprecherrillen).
Dazu nehmen wir diese Staubfänger möglichst mit nach draußen und pinseln den Staub weg. Adios!

WASCHEN & WÄSCHE

I. DRECKWÄSCHE
– DIE VORSORTIERUNG IST DAS A&O

Schmutzige Wäsche lässt sich leider nicht vermeiden.
Denn just in diesem Moment trägst Du *potentielle*
schmutzige Wäsche.
Ziehst Du Sie aus, ist sie meist fällig für die
Waschmaschine. So ist das Leben!

Auf diesem Wege entstehen Wäscheberge, denen
man auf zwei Arten Herr werden kann:
     a)   als Berg oder
     b)   wohl sortiert von Anfang an

Für welche Art möchtest Du dich nun entscheiden?
Ich tippe mal auf b), denn a) kennen wir alle und hat
uns schon den Nerv geraubt.

Ist es nicht gruselig, wenn man kopfüber in einem
Behältnis mit Dreckwäsche hängt (in den alle ihre
Wäsche *hineinstopfen*) und z.B. eine Maschine helle
40 Grad zusammen sammelt! Schön ist es auch, wenn
man den gesammelten Berg auf den Boden schüttet
und nette Haufen produziert.
In der Regel wäscht man dann eine oder zwei
Maschinen.
Die Restwäsche gibt man wieder in das
Sammelsurium zurück und die Sortierarbeit war zu
50-60 % umsonst.

Nicht so beim Guerilla-Cleaning!
Hier nutzen wir die Energie, die wir einmal aufgebracht
haben und halten für diesen Moment Wäschesäcke
bereit. Wäschesäcke für z.B. folgende Sortierung:

60 Grad, 40 Grad hell, dunkel, bunt und rot und einen
für die Kochwäsche.
Sind diese Säcke einmal bestückt, werden sie es von
nun an immer sein.

Denn ab sofort gibt es kein „Ich stecke meine Wäsche
in **einen** Sack bzw. werfe sie auf einen Haufen!“. Ab
sofort wird die Wäsche von allen Dreckwäsche-
Produzenten in die Säcke sortiert und zwar in dem
Moment wenn sie anfällt.

Dies hat folgende Vorteile:
1. Wäscheberge mit *Durcheinanderwäsche* sind
    tabu, denn es gibt nur noch gradbezogene
    Wäschesäcke.
2. Man hat den Überblick darüber, was
    gewaschen werden kann, weil der Sack und
    damit mind. eine Maschine voll ist.

Ganz easy sortieren **alle** im Haushalt die Wäsche
nebenbei und aufwändige Sortieraktionen entfallen.

II. WÄSCHE AUF- UND ABHÄNGEN

Wäsche aufhängen ist monoton. Yes!

Beim Aufhängen kannst Du aber bereits ans Abhängen denken und Dir so viel Zeit und Arbeit sparen. Dabei lege ich gerne eine Gedenkminute für einen Bekannten ein, der mir letztens ganz empört erzählte, dass er zuhause die Wäsche abgenommen habe und seine Frau darüber gar nicht begeistert war. Warum bloß?
Ich nehme an, dass auch sie ihre *Abhängmethode* hat und er ihr mit seinem „ich nehme die Wäsche ab und schmeiße sie durcheinander" in die Quere kam. Tatsächlich ist das pure und wahllose Befördern von Wäsche in den Korb keine Hilfe, sondern verursacht Mehrarbeit!

Wie geht man also vor?
Zum einen zieht bzw. schüttelt man die Wäsche im feuchtem Zustand in Form damit sie nicht zu zerknittert ist. Das erspart bei den meisten Kleidungsstücken das Bügeln (s. auch nachfolgend „Bügelwäsche ohne Bügeln")

Dann wird die Wäsche *personen- **und** themenbezogen* aufgehängt.
Das heißt auf die eine Seite des Wäscheständers hängst Du Deine Wäsche <u>und</u> sortierst sie außerdem nach Wäschetypus.
Heißt Sockenpaare finden wieder zueinander, alle Unterhosen hängen nebeneinander und auch die Sportsachen. Dies soweit wie möglich großzügig und ohne Wäscheklammern. Diese Taktik erleichtert das Abnehmen und hat den Vorteil, dass man beim Abnehmen die Wäsche in Themenstapeln geordnet

vorfindet, sie so in den Wäschekorb legt und von dort unmittelbar in den Schrank.

Um sich „Socken-Roulette" zu ersparen landen die Socken nicht einzeln in der Dreckwäsche und dann in der Maschine, sondern immer als Paar.
Befürchtungen, dass sie dabei nicht sauber werden, treffen nicht zu.
Man schneidet aus der Jeans ja auch nicht die Innentasche heraus, damit sie sauber wird.
Diese Vorgehensweise finde ich schneller, als wenn man die Wäsche kunterbunt in einen Trockner schmeißt und dann sortiert.[12]
Ausnahme: Handtücher

---

[12] Nun ja, bei ganz modernen Trocknern, aus denen die Wäsche quasi knitterfrei herauskommt, lasse ich mit mir reden und es steht hier ggf. 1:1. Ist halt Geschmacksache!

III. BETTWÄSCHE WASCHEN & LAGERN

Bettwäsche sollte man mindestens alle sechs Wochen wechseln; im Sommer nach vier Wochen.

Wenn sie zum Waschen anfällt dann lagere ich sie nicht erst ab (ist ja kein Wein), sondern stopfe sie nach dem Abziehen in die Waschmaschine.
Im Sommer kommt sie zum Trocknen nach draußen und im Winter drinnen auf die Wäscheleine.

Ist sie trocken, verstaue ich sie **als Set** im Schrank - d.h.:
1 Spannbetttuch
1 passender Kopfkissenbezug
1 passender Bettbezug

Beim Wäschewechsel braucht man dann nicht mühsam zu suchen, sondern hat mit einen Griff alles beisammen.

IV. DER KLEIDERSCHRANK

Ein Kleiderschrank dient der Aufbewahrung unserer
Kleidungsstücke
-       soviel ist klar!

Damit man von der Kleidung möglichst lange etwas
hat, sollte man den Kleiderschrank möglichst
geschlossen halten, um Staub außen vor zu lassen.
Kleidung lüftet man außerhalb des Schrankes, nicht
indem wir ihn offen lassen.

Dann:
Um uns das Leben an dieser Front zu vereinfachen,
wird die Kleidung im Schrank sortiert aufbewahrt.

So finden sich z.B. meine T-Shirts und Pullover nach
Farben, Armlänge und ggf. Mustern (z.B. gestreift) auf
unterschiedlichen Stapeln.
Hosen hängen nach Art (z.B. Skinny, Boot Cut oder
Straight) und Sorte (z.B. Jeans, andere Stoffe) im
Schrank. Blusen hängen beieinander genauso wie die
Blazer oder die Röcke.

Das spart Zeit beim Suchen (und Fluchen!)[13]

---

[13] Nebenbei bemerkt empfehle ich auch in einer Garderobe Jacken
und Mäntel personenbezogen zu sortieren. Dafür gilt dann auch der
letzte Satz (s.o.).

V. WER HAT, DER HAT
– DER ZWEITE (!) KLEIDERSCHRANK

Also mein Mann, der hat nicht nur einen Kleiderschrank, der hat zwei!

Nun würde man dies eher bei einer Frau vermuten, aber auch bei Männern geht das! Nur verhält es sich bei meinem Mann anders, als Du vermutest. Denn er hat einen konventionellen Kleiderschrank – aus Holz, mit Ablagefächern, Kleiderstange und Bügeln.
Also mit allem **ZIPP & ZAPP**.

Und er hat einen Weidenkorb!
So ungefähr 40 cm x 70 cm.
Dieser Weidenkorb (ausgekleidet mit einem Baumwollstoff) ist sein zweiter Kleiderschrank. In diesen lege ich seine frisch gewaschene Wäsche. Dann muss er sie **nur** noch wegräumen. Sie ist vorsortiert (siehe vorn), wandert aber nur durch seine Hand in den Schank.

Da es mitunter ein paar Tage dauert, bis dies der Fall ist, haben wir dem Weidenkorb scherzhaft den Namen zweiter Kleiderschrank gegeben.
Denn manches Kleiderstück findet erst gar nicht den Weg in den Schrank, sondern wird aus dem Korb heraus direkt wieder angezogen.
Quasi ein Arbeitsgang gespart! I
Im Grunde also eine weitere Guerilla-Cleaning-Methode. Allerdings eine, auf die ich echt nicht gekommen wäre...

VI. BÜGELWÄSCHE OHNE BÜGELN

Bügelwäsche ist solche, die aus der Waschmaschine kommt und die man ohne sie gebügelt zu haben, grundsätzlich nicht anziehen kann. Grund hierfür sind Knitterfalten. Normalerweise stellt man sich diesem Problem, wenn die Wäsche trocken ist. Dies empfehle ich nicht!
Besser ist es, den Kampf unmittelbar aufzunehmen, wenn die Wäsche frisch gewaschen und feucht aus der Maschine kommt.
Kurz vor dem Aufhängen sollte man sich jedem Stück Bügelwäsche annehmen, indem man es ausschüttelt und glatt zieht.
So kann man sich später bei den meisten Kleidungsstücken das Bügeln komplett sparen.[14]

Lediglich bei Hemden oder Blusen kann es notwendig sein, dass man nach bügelt. Dies ist dann aber wesentlich schneller und leichter, als wenn man alles total zerknittert aufgehängt hätte.

---

[14] Toll ist es auch, wenn man sich einen Wärmepumpen-Trockner leisten kann. Der trocknet fast alles und fast alles glatt. Den Strom zum Bügeln spart man sich also auf diesem Wege und auch Zeit. Allerdings bin ich ja nur ein Trocknerfreund, wenn eine sonstige Lufttrocknung nicht möglich ist (z.B. im Winter).

SOFA

I. FLECKEN

Wer kennt das nicht?
Man sitzt gemütlich auf dem Sofa, hält irgendein
Getränk in der Hand und hantiert parallel mit etwas
anderem. Schon ist es passiert – ein Teil des
Getränkes landet auf dem Sofa und hinterlässt einen
Fleck!
Unser Sofa ist beige, darauf sieht man alles außer
Wasser – und das brauchen wir jetzt! Nein, genauer
gesagt brauchen wir No. 1 und zielen damit genau auf
den Fleck bis er sichtbar verlaufen ist. Dann drücken
wir Küchenkrepp drauf.
Heißt: Man saugt den verflüssigten Fleck zusammen
mit dem Wasser mit dem Küchenkrepp wieder auf. Bis
zur nächsten Wäsche reicht das in der Regel![15]

II. KISSEN

Hier geht's um Kissen die auf dem Sofa liegen und
aus denen das Sofa ggf. sogar besteht. Egal welche
Du hast - nimm sie und schüttele sie aus!
Am besten draußen. Wenn das nicht geht alternativ
aus dem Fenster. (Aber natürlich nur dann, wenn
niemand drunter ist.) Auf diesem Wege wird man
einen Großteil des Staubes und natürlich auch Chips
und Haare quitt.

---

[15] Bei unserem Sofa sagt die Gebrauchsanweisung übrigens, dass
man den Bezug (obwohl ein Baumwollstoff) nicht waschen darf.
Aber mal ehrlich, ich schleppe doch so eine Riesenberg Stoff nicht
in die Reinigung!
So kam der Tag -an dem ich irgendwie todesmutig drauf war- und
an dem ich den Stoff trotzdem (bei 30 Grad) gewaschen habe. Ist
gut gegangen (Puh!). Sollte man aber nach Gewebeart entscheiden,
ob man auch so mutig sein möchte. Hätte schief gehen können.
Also keine Gewähr meinerseits!

GESCHIRR & KÜCHE

I. GESCHIRR SPÜLEN (1. TEIL - TECHNIK)

Zum Geschirr spülen nehmen wir die Geschirrspülmaschine.[16]
Die Effizienz der Nutzung einer Geschirrspülmaschine kann man steigern! Jedoch gestehe ich vorweg, dass das Nachfolgende nur bei ganz Disziplinierten funktioniert.

Ansatz:
Wir streiten uns daheim immer darum, wer das saubere Besteck wegräumt.
Ich hasse es!
Alles andere lasse ich mir gefallen, aber Besteck aus dem Korb geht gar nicht.
Gabeln verhaken sich in Messern und Löffel stellen sich quer.
Um diese Front ein wenig zu entschärfen (versuche) ich daheim den Besteckkorb wie folgt zu befüllen:

Messer	*Messer*
Gabeln	*Teelöffel*
Küchenmesser	*Teelöffel*
Sonstiges (z.B. Clips)	*Esslöffel*

Nachdem die Geschirrspülmaschine gelaufen ist, kann man mit dem Korb zum Besteckkasten gehen und den Inhalt pro Kammer mit einem Handgriff herausnehmen. Nichts verhakt sich, da es ungefähr die gleiche Form hat.

---

[16] Kein Scherz!

Hat man zu dieser Sortierarbeit vorab keine Lust (was ich verstehe), kann man den Besteckkorb alternativ auf einem sauberen Handtuch ausschütten und von dort aus weg räumen. So verhakt sich zumindest weniger.

Daneben bin ich dafür, möglichst viel von der Geschirrspülmaschine erledigen zu lassen. Töpfe, Pfannen (keine beschichteten), Weingläser, Küchenmesser (bis auf die ganz guten) kommen bei mir alle rein und sind danach herrlich sauber.
Wer Probleme mit der Patina von Tee hat, sollte die Teetassen und –gläser vorher (von innen) mit No. 2 einsprühen. Dann löst sich das perfekt.

II. GESCHIRR SPÜLEN (2. TEIL - DER SPÜLKORB)

Was man beim Spülen von Hand zwingend braucht:
Einen Spülkorb!

Warum?
Damit das gerade Gespülte nicht im gesammelten Abtropfwasser liegt.
Den Korb stellt man auf die Spüle, legt die Sachen hinein und das Wasser tropft -der Schwerkraft folgend- nach unten ab. Sehr hygienisch und kommt außerdem dem Vorgang es Trocknens entgegen!

III. GESCHIRR SPÜLEN (3. TEIL - PRONTO)

Berge aus dreckigem Geschirr nerven!
Um diese während des Kochens zu vermeiden, sollte
man direkt mit dem Aufräumen beginnen.
Was geht, in die Geschirrspülmaschine![17]

Alles Weitere muss man konventionell spülen. Aber
während man kocht, stört heißes Wasser in der Spüle!
Denn man muss sich schließlich zwischendurch die
Finger oder notwendiges Kochgut waschen. Geht also
nicht!
Nun könnte man das dreckige Geschirr ja für später
aufstapeln!? Lieber nicht!

Besser ist es, wenn man direkt mit No. 1 an den Start
geht.
Zu spülende Gegenstände (seien es Messer,
Salatschleudern oder Pfannen) werden kurz
eingesprüht, mit dem Schwamm, Lappen oder der
Bürste gereinigt und mit heißem Wasser abgespült.

Während des Kochens anfallende Gegenstände kann
man dann aus dem Weg bzw. in den Spülkorb
befördern. So läuft diese Arbeit parallel mit und wartet
später nicht auf uns!

Wichtig dabei ist, dass Du den Inhalt von No. 1
regelmäßig erneuerst, damit das Wasser frisch ist.

---

[17] Gute Küchenmesser oder beschichtete Pfannen niemals!

IV. DIE DUNSTABZUGSHAUBE

In der Küche muss man sich das Leben stets erleichtern.

So finde ich in einer Küche kaum etwas unhygienischer, als eine verfettete, verstaubte (freihängende) Dunstabzugshaube. Hat man diesen Status erst mal kultiviert („Herzlichen Glückwunsch"), macht die Reinigung richtig Arbeit und ist alles andere als angenehm. In diesem Fall kann ich nur raten: Gründlich mit viel Spülmittel sowie der *Stahlwolle mit Seife*[18] reinigen, damit man das Fett überhaupt runter bekommt. Den Lappen den Du dabei verwendet, kannst Du danach wegwerfen.

Die gute Nachricht:
Im Anschluss wird das Leben leichter- denn das passiert Dir nicht noch mal.
Stattdessen nutzen wir erstens den wöchentlichen (!) Küchenhandtuchwechsel, um mit den *alten* Handtüchern über die Dunstabzugshaube zu wischen. Auch Steckdosen, Schalter und Aufhängevorrichtungen für Küchenwerkzeuge werden bei dieser Gelegenheit vom Staub befreit.
Zweitens sollte man regelmäßig mal No. 1 auf die Dunstabzugshaube geben. Abwischen – fertig!

Daneben wandern (falls vorhanden) die (Kohle-)Filtereinsätze regelmäßig in die Geschirrspülmaschine. Immer denn, wenn hier noch Platz ist, mit den Filtern auffüllen. So kann man zuverlässig verhindern, dass das Fett von der Dunstabzugshaube zurück ins Essen tropft. ;-)

---

[18] Wenn es das Material zulässt.

V. KÜCHENSCHRÄNKE (EIN ALTER TRICK!)

Den Trick Zeitungen auf Küchenschränke zu legen, um
nicht auf dem Schrank sondern dem Papier Fett und
Staub zu sammeln, finde ich grundsätzlich hilfreich!
Allerdings sollte man das Papier regelmäßig tauschen
und nicht regelmäßig vergessen (so wie ich).
Dinge, die sich meinem Blickwinkel entziehen,
vergesse ich gerne…

Deshalb verwende ich alternativ ein auf die Maß
zugeschnittenes Stück Baumwollstoff (z.B. von einem
alten Bettlaken) und lege es auf den Schrank.
Möglichst 1x jährlich auswechseln.
Dann sollte der Stoff weggeworfen und durch neuen
ersetzt werden.[19]

---

[19] Diese Methode kann im Grunde bei allen Schränken anwenden,
z.B. im Schlafzimmer. Hier sollte man das Tuch 1x im Monat
ausschütteln (aus dem Fenster) und hat den Staub so total im Griff.
Wenn man halt dran denkt…

VI. KALK AUF DER SPÜLE

Kalk, chemisch CaCO$_3$, ist eine chemische Verbindung, die sich allzu gerne u.a. auf unserer Spüle niederlässt, wenn wir das Wasser nicht schnell genug weg wischen. So wird sie peu à peu stumpf. Nur allzu flott schwindet der mühselig erarbeitete Glanz. Das muss nicht sein!

Ist Deine Spüle schon stumpf, dann hilft am schnellsten die in Seife getränkte Stahlwolle. Diese bringt Glanz dorthin, wo eben noch Kalk, Kaffee, Tee und Fett dies verhinderten.

Daneben nutze ich regelmäßig No. 2 oder Scheuermilch zum Abschluss aller Arbeiten küchentechnischer Natur. Ich sprühe hierzu die Spüle und insbesondere den Bereich hinter dem Wasserhahn ein. Warte einen kurzen Moment und wische mit dem Spülschwamm (gerne auch mit der harten Seite) hinterher. Das schafft Kontinuität und grenzt die *Gestaltungsmöglichkeiten* des Kalks ein.

VII. DER KÜHLSCHRANK

Der Kühlschrank ist ein permanentes Schlachtfeld.
Klein, aber oho!
Zwar glaube ich nicht an Horror-Meldungen, die dazu
auffordern einen Kühlschrank 1x wöchentlich komplett
bis in die letzte Ecke zu reinigen, um schreckliche
Keime zu verhindern (denn sonst wären wir wohl
schon alle tot). Aber ich finde es angemessen einen
Kühlschrank regelmäßig zu reinigen.

Hierfür nutze ich gerne den Zeitpunkt vor dem
wöchentlichen Einkauf. Dann hat man freie Bahn / ein
freies Schussfeld.

Tragende Säulen für den Kampf sind:
1. Alles was man rausnehmen kann, in die
   Geschirrspülmaschine (z.B. Ablagen in der
   Tür, Gemüsefach etc.). Dort wird es super
   sauber.
2. Passt etwas nicht hinein, wie z.B. die meisten
   Einlegeböden, kommt man nicht darum herum
   mit der Hand zu spülen.
3. Für eine Zwischenreinigung nehme ich gerne
   feuchte Allzwecktücher. Hiermit kann man
   über freie Flächen oder solche, die es nötig
   haben, wischen.
4. Ergänzend No. 1 und/oder No. 2 auf
   Küchenkrepp geben und bei Bedarf reinigen.

So lässt sich ein Kühlschrank ganz gut im Zaum
halten.

VIII. DER HERD / BACKOFEN

Insbesondere für dieses Schlachtfeld gilt:
Nicht vollständig *verfetten* lassen, bis man tätig wird.
Besser regelmäßig reinigen, bevor ein
Großreinemachen nötig ist.

Sofern das Material es zulässt, empfehle ich die
geseifte Stahlwolle. Ganz toll! Reinigt man Herd oder
Backofen damit, wische ich mit einem feuchten
Fettpad (recht kompaktes Tuch aus Microfaser) nach.
Anschließend mit einem alten Bauwolltuch
trockenwischen. Schon glänzt die Sache!

Alternativ funktioniert hier (wenn die Oberfläche es
zulässt) Scheuermilch.
No. 1 bitte als 3. Alternative für den ganz
empfindlichen Herd. Einsprühen, einweichen lassen
und mit einem Schwamm nachlegen.
In den Backofen empfehle ich nicht unkontrolliert zu
sprühen. Sonst läuft das Wasser ggf. an Stellen, wo es
nicht hinsoll und erzeugt einen Kurzschluss.
Hier deshalb besser direkt Spüli auf einen Schwamm
und intensiv durchwischen.
Auch dann im Anschluss mit dem feuchteten Fettpad
sowie dem Baumwolltuch nach wischen. Damit sollte
das Ganze in den Griff zu kriegen sein.
Backofenspray finde ich nicht so toll. Es riecht
übertrieben parfümiert und bringt im Verhältnis nicht
viel.

Die Anwendung vermeintlich toller Tipps mit
Ammoniak und Wasser im Backofen über Nacht rate
ich dringend zu meiden. Ammoniak ist giftig und die
Dämpfe einzuatmen ungesund und umweltschädlich.
Deshalb sollte man solche Reste auch nicht den Kanal
runterspülen (Todsünde!).

IX. DAS SIFF-HANDTUCH

In der Küche ergeben sich fortwährend Arbeiten, bei denen die Arbeitsplatte feucht oder dreckig wird.

Für diese Fälle habe ich ein Siff-Handtuch zur Hand mit dem man Dinge auf- bzw. zusammenwischen kann. Ein Siff-Handtuch zeichnet sich dadurch aus, dass es bereits einige Tage für den üblichen Zweck genutzt wurde.
Bevor es den Weg in die Wäsche antritt, halte ich noch kurzzeitig als „Handtuch für alle Fälle" bereit. Ist z.B. irgendwo ein Teefleck, wische ich ihn damit auf. Hat mein Mann beim Kochen den Löffel zum Umrühren zwischendurch auf der Arbeitsplatte abgelegt und Essensreste hinterlassen, so wische ich auch dies damit weg.

Sind irgendwo hartnäckige Flecken, dann mit No. 1 einsprühen und mit dem Siff-Handtuch wegwischen. Macht es seinem Namen alle Ehre und ist siffig (dreckig), wandert es in die Wäsche und hat bis dahin gute Dienste geleistet.

X. SPÜLTÜCHER

Spültücher und Schwämme muss man –zwecks
Hygiene- regelmäßig in der <u>Wasch</u>maschine
waschen...
...aber sicher!

Theoretisch weiß man das – im Alltag vergisst man es
aber immer wieder.
Das passiert mir nicht mehr, seitdem ich die
Spültücher (und –schwämme) in der
<u>Geschirrspül</u>maschine reinige. Den Schwamm gerne
im Besteckkasten, das Tuch irgendwo dazwischen
gesteckt, werden sie bei 40 oder 65 Grad sauber.

Nach dem Ende des Spülprogramms rausnehmen,
auswringen, fertig!
Ganz toll, wirkungsvoll und wird kaum vergessen!

KLEINTEILIGES

I. STAUB

Staub ist physikalisch durchaus interessant!
Es handelt sich hierbei um eine Sammelbezeichnung
für sehr feine feste Partikel, die in Gasen und
insbesondere in der Luft aufgewirbelt, lange Zeit
herum schweben.

Eine allgegenwärtige Form des Staubes, der sowohl
aus organischem als auch aus anorganischem
Material besteht, ist unser Hausstaub. Und eben der
ist es, der uns Probleme bereitet, indem er nicht
herum schwebt, sondern sich niederlässt.

Dagegen helfen Staubtücher aus Stoff. Diese nehmen
den Staub auf und setzen ihn frei, wenn man sie im
Freien ausschüttelt. Lästig ist – je nach Wetterlage -
das nach draußen gehen und je nach Windrichtung im
Staub stehen.
Um dies zu vermeiden binde ich Staub wo immer es
geht mit Feuchtigkeit (in der Regel Wasser).

So sieht man z.B. auf unserem weißen Toilettendeckel
recht schnell eine Ansammlung Staub. Ein Stoff-
Staubtuch möchte ich dort nicht einsetzen. Ihr
versteht! Also sprühe ich den Deckel mit Wasser ein.
Dann nehme ich drei Kosmetiktücher, die aus dem
praktischen Spender (wie im Hotel) und wische den
Staub weg. Voll des Staubes wandern sie in den Müll.
Sehr hilfreich. Gerne auch bei Ablageflächen im Bad,
der Badewanne oder Fensterbänken.

Weitere Möglichkeiten dem Staub Herr zu werden
siehe im Kapitel *Old Socks*.

II. KRÜMEL

Krümel sind kleine, von einem größeren Ganzen (z.B. einem Brot) abgebrochene Stücke. Und sie nerven! Weil man sie – wenn sie nicht sofort entsorgt werden - überall wiederfindet. Auf der Arbeitsfläche, dem Tisch, dem Boden........ verteilen sich einfach überall, die kleinen Biester.

100%ig verhindern kann man das nicht, aber auch an dieser Front wollen wir nicht kapitulieren und nehmen als bevorzugte Waffe **Zeitungspapier.**
Nein, ich möchte kein Feuer machen!

Vielmehr nutze ich die Tatsache das Krümel bevorzugt beim Schneiden anfallen. Da man dies auf einem Brettchen (o.ä.) tut, sorge ich zunächst dafür, dass es möglichst groß ist. So begrenzt man sie auf das Holzbrett und verhindert, dass sie sich wahllos ausbreiten.
Dann kommt das Zeitungspapier zu Einsatz.
Auch hier ein großes Format wählen (ZEIT oder Bild). Komplett ausbreiten, die Krümel drauf schütten. Zeitungspapier vorsichtig zusammenknüllen und in den (Bio-)müll werfen. Auf diesem Wege gelingt es die Mehrzahl der anfallenden Krümel direkt nach der Entstehung zu entsorgen. Die siehst Du niemals wieder!

Ich rate übrigens dringend davon ab, die Krümel den Abfluss runterzuspülen. Denn dort quellen sie auf und setzen den Abfluss über kurz oder lang zu. Nicht gut!

DIE TREPPE

I. DAS TREPPENGELÄNDER

Hast Du ein (abwaschbares) Treppengeländer?
- Ja?
  Das ist nicht schlimm!

- Nein?
  Dann kannst Du diesen Abschnitt
  überspringen.

Die meisten von uns haben wahrscheinlich ein
Treppengeländer zu reinigen.
Diese fassen wir ständig an, was der Dreck sehr mag
und sich recht schnell sammelt. Ich weiß wovon ich
rede - mein Treppengeländer ist weiß.

Um hier eine unansehnliche Ansammlung von Dreck
zu verhindern, nehme ich mir einmal in der Woche
zwei feuchte Reinigungstücher und gehe mit diesen in
der Hand die Treppe hoch - reinige also quasi im
Vorbeigehen.
Hin und wieder bleibe ich stehen und reibe über eine
Stelle, die es besonders nötig hat. Doch diese Stellen
werden weniger, je regelmäßiger man das macht.

So kommt bald der Zeitpunkt, wo man sich - weil man
ohnehin nach oben geht- ein Tuch nimmt und ganz
nebenbei reinigt. Super Sache!

II. „ICH PUTZE MAL EBEN DIE TREPPE !"

Ausgangslage:
Treppe ohne Teppich, im Regelfall aus Stein oder Holz
mit Staub und ggf. Dreck.[20]

Vorgehensweisen:
Die ganz schnelle Variante -
Man braucht:
Eine Rolle Küchentücher und Sprüher No.1
Dann:
Sprüht man die Treppenstufen der Reihe nach einzeln
(!) ein und wischt das Staub/Haare/Dreckgemisch mit
Küchenkrepp weg. Dieses dazu handlich in der Mitte
umschlagen und mind. 2 Stück auf einmal nehmen.
Wird das Ganze zu feucht und/oder zu dreckig, ab
damit in den Biomüll.
Am besten von oben nach unten wischen und danach
die Treppe trocknen lassen.

Die auch noch schnelle Variante –
Man braucht:
Staubsaugen vorab, eine Rolle Küchenkrepp und den
Sprüher No.1 für siehe vorn bei ganz schnell.

Die „stark verschmutzt" Variante -
Ausgangslage:
Die Treppe ist verschmutzt, und ich meine jetzt nicht
staubig oder voller losem Dreck, sondern so, dass
bereits Bereiche dunkler schimmern.
Man braucht:
Einen Staubsauger vorab, eine Rolle Küchenkrepp,
den Sprüher No.1 für siehe oben.

---

[20] Bei einer Treppe mit Teppich bleibt nur Saugen, das ist leider
alternativlos

Daneben ziehen wir mit den feuchten Reinigungstüchern in die Schlacht. Mit diesen rückt man den dunklen Stellen zu Leibe. Danach sieht die Treppe wieder ansehnlich aus. Und ich weiß wovon ich rede, bei mir ist nicht nur der Handlauf weiß, sondern auch die Treppe.

Hilfreich ist ein Akku-Sauger, damit man nicht das ganze Staubsaugervieh die Treppe rauf bzw. runtertragen muss.

INNOVATIONEN

I. AUFRÄUMEN MIT DER ZEITUNG

Bei Kochen[21] empfehle ich eine großformatige Zeitung zur Hand zu haben. Denn sei es nun bei der Salat- oder Gemüsezubereitung – mit der Zeitung können wir an dieser Front Arbeit sparen!

Wir breiten die Zeitung (1-2 Seiten) zu Beginn des *Arbeitsprozesses* auf der Arbeitsfläche oder dem Tisch aus und werfen alle Abfälle darauf. Haben wir alles fertig geschält und geputzt, raffen wir die Zeitung zusammen und haben schwuppdiwupp eine saubere Arbeitsfläche. Das Zeitungspapier wandert als Paket in den Biomüll. Adios!

Praktisch ist das Papier auch bei Fleisch oder Fisch. Denn gerne tropft aus der Verpackung Blut oder Wasser. Hat man beim Auspacken die Zeitung darunter gelegt braucht man erstmal keinen Lappen. Praktisch!

---

[21] Dabei meine ich selbstverständlich frisch – nix Tüte, nix Dose!

II. ECHTE UNTERGRUNDMETHODEN

Ohne Untergrundmethoden geht beim Guerilla
Cleaning gar nichts. Und deshalb kommt jetzt eine
wahrhaftige Untergrundmethode par excellence:

Abstauben mit Toilettenpapierrollen!

Funktioniert ausgesprochen gut und deshalb möchte
ich es ausdrücklich empfehlen!

Es geht zum einen darum die Rollen (alle oder nur
wenige) nicht im Schrank sondern auf der Schnittseite
(!) im Badezimmer auf dem Schrank oder einer
Ablagefläche zu lagern.
Da sie permanent *ausgetauscht* werden, verhindern
sie, das Staub dorthin kommt, indem sie den Staub,
der sich ansonsten sammeln würde, passiv
mitnehmen.

Daneben kann man dem Staub zwischendurch mit der
Rolle auch aktiv hinterher jagen, indem man mit der
Schnittfläche über den verstaubten Bereich wischt.
Dies sollte man nur an sehr leicht verstaubten Stellen
tun. Sonst ist es schnell zu viel des Guten...

III. PIECE BY PIECE

Im Laufe der Jahre kommt man schrank- und regaltechnisch an seine Grenzen. Alles ist voll. Man stopft überall, stellt Bücher in Zweierreihen und verliert früher oder später den Überblick. Leider ist dies nur in Grenzen zu ändern, da wir *Jäger und Sammler* sind. Das liegt in unseren Genen.

Dennoch haben wir es in der Hand das Chaos zu verhindern, indem wir uns regelmäßig Gedanken machen, ob wir die Dinge, die uns tagtäglich umgeben, tatsächlich benötigen.

So habe ich zum Beispiel die Tatsache hinterfragt, ob ich die etwa 100 Langspielplatten in meinem Arbeitszimmer tatsächlich brauche.
Weit und breit findet sich nämlich kein Plattenspieler. Der steht im Keller. Also brauche ich auch die LP's hier nicht. Wegwerfen möchte ich sie natürlich nicht (das tut man nicht!), aber ich habe sie „Piece by Piece" (Stück für Stück) - immer wenn ich mal die Hände frei hatte- in den Keller geräumt. Also keine große Aufräumaktion, sondern eine alltägliche, kontinuierliche. Piece by Piece eben!

Und neben LP's gibt es noch andere lohnenswerte Ziele für diese Übung. Denn Platz haben wir (in der Regel) genug. Wir nutzen ihn nur nicht richtig!

IV. DAS START – ZIEL PRINZIP

Im Haushalt neigt man dazu sich zu verzetteln.
Überall lauern Schlachtfelder. Man rettet hier und da
das Notdürftigste - bekommt aber keinen *roten Faden*
rein.

Um dieses Problem zu lösen, solltest Du immer wenn
es zeitlich mal passt das
Start-Ziel-Prinzip
anwenden.

Zeitlich liegen Start und Ziel hierbei überschaubar
beieinander.

Ein Beispiel - man nehme:
Eine Stunde Zeit in einem der Schlachtfelder

Und dann passiert folgendes:
Diese 1 Stunde bist Du nur und exklusiv in dem
erwählten Schlachtfeld tätig.
Du hörst kein Telefon (höchstens Radio).
Du gehst nicht zwischendurch in den Keller, sondern
konzentrierst dich total auf die notwendigen Arbeiten
in diesem Bereich.
Und schon bist Du am Ziel.
Eine Stunde ist *ratz fatz* vorüber und man bekommt
(bei nicht totalem Durcheinander) in diesem
Schlachtfeld einen roten Faden rein
-was wirklich motivierend ist!

I. DER KELLER

Ein Keller ist toll, aber in der Regel voll!
Hier kann man Dinge, die man nicht tagtäglich
braucht, *zwischen*lagern. Außerdem natürlich
Lebensmittel, für die man in der Küche keinen Platz
findet. Nicht zu vergessen die Weihnachts- und
Osterdeko. Und Omas Schrank. Und Peters
Klassenhefte usw. usw.

Aber was soll ich Euch sagen: Der beste Keller ist ein
fast leerer Keller!
Denn ich prophezeie, dass Ihr Regale und/oder
Schränke im Keller habt.
Und ich weiß noch was:
Sie sind voll!
Und dann ist da noch was:
Ihr habt Kisten, Kästen und Tüten in den in den
Regalen und/oder Schränken.
Und bei mind. 30% der Kisten, Kästen und Tüten habt
Ihr keine Ahnung, was drin ist.

Im Keller gilt folgendes Prinzip:
Alle Flächen die da sind, werden belegt. Hättet Ihr
zehn Regale mehr, wären auch die voll. Quasi
Zauberei! Ein Keller entgleitet einem mit der Zeit.

Für den Alltag habe ich es mir deshalb zu eigen
gemacht, am Tag bevor die Restmülltonne geleert
wird, durch den Keller zu gehen und nach Dingen zu
Ausschau zu halten, die keiner mehr braucht.
Fast immer habe ich etwas gefunden, was auch bei E-
Bay keinen Sinn macht. Und in unserem Keller schon
mal gar nicht.

Deshalb hilft zunächst nur eine massive (!)
Aufräumaktion, z.B. an einem Regentag im Winter. Ab
in den Keller, an die Kisten, Kästen und Tüten.
Reingucken, was drin ist, großzügig ausmisten und
System reinbringen (indem man Tüten verbannt und
auf Kisten und Kästen schreibt, was drin ist).
Die Kür ist, wenn man alles in den Regalen thematisch
sortiert, z.B. so:
- Oster-, Weihnachts- und sonstige Deko
- Geschenkpapier
- und Malerfarben mit Pinseln

Hat man den Keller soweit aufgeräumt, dass man
weiß, was sich alles im eigenen Besitz befindet, dann
macht ein Keller wieder Sinn und Spaß!
Alles andere nervt.

II. DAS GLÄSERNE VORDACH

Ein Vordach aus Glas oder transparentem Kunststoff
ist schön und hell - muss aber regelmäßig geputzt
werden, sonst wird es t o t a l unansehnlich.

Nun habe ich – bekannter Maßen - keine Lust mir die
Hände nass zu machen. Außerdem habe ich kein
Interesse daran auf eine Leiter zu steigen, um auf
geschätzten 3 Metern Höhe dieses Ding mit einem
Lappen zu reinigen.
Das muss auch anders gehen.
Geht es auch!
Ohne Leiter und ohne Lappen!

Ich öffne das (hoffentlich auch bei Dir vorhandene)
darüber liegende Fenster, sprühe das Ding mit No. 1
ein, hole mir einen Bodenwischer mit (Achtung!) einem
alten Mikofaserbezug, hänge mich in den
Fensterrahmen (wahrscheinlich toll anzusehen für die
Nachbarschaft ;) und wische von oben.
Dann schütte ich mit einer Gießkanne klares Wasser
nach. Dieses Procedere je nach Verschmutzungsgrad
gerne auch zwei Mal.

Im Anschluss gehe ich nach unten, wische von dort an
der Außenkante entlang (die hin und wieder grün wird)
und werfe am Ende den Mikofaserbezug in die Tonne.

Das war's und muss reichen.

III. SONSTIGE ORDNUNGSMASSNAHMEN – STIEFEL

Stiefel zu tragen ist hip und schick.

Zuhause angekommen zieht man sie aus, schließt den Reißverschluss und stellt sie zu den anderen Schuhen. Wenn sie nicht irgendwo gegen lehnen, ist nichts mehr hip und schick. Der hohe Schaft eines Stiefels kippt zur Seite auf die anderen Schuhe, stört und nimmt Platz weg.
Dies hat bei mir häufig dazu geführt, dass die Stiefel ungetragen im Keller standen und ich keine Lust mehr hatte sie anzuziehen. Denn wenn ich sie nicht an den Füßen hatte, waren sie ständig im Weg.
Aber kein Problem ohne Lösung!

Ok, ok – also in diesem Fall muss man **echt mal was investieren**!
Aber keine Angst, so schlimm wie beim Staubsaugerroboter wird es nicht.

Sie Summe ist überschaubar:
50 Cent, muss man anlegen, wenn man an dieser Front Ordnung reinkriegen möchte.
50 Cent in Form von zwei Pfandflaschen (2 x 25 Cent für zwei 1,5 l Wasserflaschen aus Plastik). Diese stecken wir (nachdem wir sie leer getrunken haben) kopfüber in den Stiefel. Und der steht ab sofort wie eine Eins.
Da kippt nichts mehr. Da fällt nichts um.

Die kann man auch beim Putzen des Stiefels drin lassen - sehr praktisch!

IV. SCHWEISSFÜSSE

Wer kennt es nicht:
Man kommt nach Hause, hat den ganzen Tag in seinen Schuhen gesteckt und zieht diese freudig aus. Je nach Fuß- oder Schuhtyp kann dies unangenehme Gerüche verursachen.

Deshalb stellt man die Schuhe (niemals!) direkt in den Schuhschrank oder die Garderobe. Einen Tag sollte man sie schon lüften. Ist das nicht ausreichend, verpasst man dem Schuh einen Frischeduft.

Und das geht so:
In der Drogerie sog. *Dufttücher* kaufen. Eigentlich gedacht für den Wäschetrockner (warum auch immer!).
Diese werden von uns zweckentfremdet in die Stinkeschuhe gesteckt. So wird nicht der Trockner zum *Frischeparadies* (Zitat Werbung!) sondern der Schuh.
Fabelhaft!

V. WIE ZÜGELE ICH MITBEWOHNER

Ein Riesenproblem zum Schluss:
Wie verhindere ich,
dass die getane Arbeit sofort zunichte gemacht wird?

Ganz einfach!
Man bezieht die anderen mit ein und macht sie zu
Mitstreitern. Dann wird der Kampf viel mehr geschätzt.

Bekanntlich ist das Ganze aber nicht so einfach, da
Chillen viel *nicer* ist.
Man kann es machen, wie kürzlich eine Frau in
Kanada:
Sie trat in den Streik und machte den anderen so klar,
wo der Hammer hängt.
Die bei dieser Streikmaßnahme entstandenen Fotos,
was sich wo nach wenigen Tagen wiederfand, waren
interessant.

Damit man es nicht gleich auf die Spitze treiben muss,
kann man es mit Arbeitskarten versuchen. Hierbei
hast Du für jede Kampfaktion eine Karte (z.B. Fenster
putzen, feucht wischen, spülen etc.)
Selbstverständlich funktioniert diese Methode nur
nach Ansage.

Aber dann kann man dem Ehemann die Karte
„Waschen" oder dem Sohn die Karte „Spülen"
unterjubeln und schon wissen sie ohne Worte, was ihr
Job ist.
Sehr praktisch! Denn schließlich ist man unter einem
Dach ein Team und nur als Team kann man im
Haushalt siegreich sein.

Ansonsten hilft echt nur streiken!

VI. GUERILLA CLEANING IN DER ÖFFENTLICHKEIT

Putzfrauen haben kein leichtes Leben!

Auch wenn ich nie eine war (abgesehen von dem Putzfeen-Job zuhause), so kann ich mir vorstellen, dass Putzen in der Öffentlichkeit eine ganz andere Nummer ist.
Insbesondere Toiletten werden mitunter so hinterlassen, wie man es Zuhause nicht tun würde.[22]
Da wird der Spiegel oder das Waschbecken beim Händewäschen mit Wasser vollgespritzt, im Abfluss sammeln sich Haare[23] und Papierhandtücher oder Klorollen landen –warum auch immer- auf dem Fußboden.

Nun möchte ich nicht dafür appellieren, den Schmutzfinken hinterher zu putzen.
Aber es ist kein Aufwand, wenn man mit seinem Papierhandtuch (!) z.B.
- mal kurz über das Waschbecken oder die Armatur wischt,
- sich bückt und *Bodenbelag* beseitigt
- oder leere Toilettenrollen entsorgt

Die Putzfrau wird es freuen und das gesamte Erscheinungsbild ist besser.

Dies gilt aus meiner Sicht ganz besonders für Autobahntoiletten.
Deshalb möchte ich unserem Staat ausdrücklich für deren Bereitstellung und den Reinigungskräften dort

---

[22] Zumindest hoffe ich das. Und alles rund um die Toilettenschüssel kommentiere ich nicht weiter.

[23] Mancher Zeitgenosse (m/w) reinigt bevorzugt in der Öffentlichkeit sein Bürste, rasiert sich (z.B. an intimen Stellen) und lässt den Abfall zurück. Das ist nicht clever, sondern rücksichtslos.

für ihr unermüdliches Werk danken. Das ist meiner Meinung nach die *Kür* der Reinigung. Denn die Personen, die diese Toiletten zu jeder Tages- und Nachtzeit nutzen, sind im wahrsten Sinne des Wortes *entortet* und benehmen sich gelegentlich wie Schweine.
Hier freut man sich über den Guerilla Cleaner.[24]

VII. ESSENSRESTE

Hierzu sage ich nur das Folgende:
> *Essensreste niemals ins Klo,*
> *sonst sagen die Ratten Hallo!*
Und das nicht nur im Erdgeschoss. Die können nämlich sehr gut klettern.

Essensreste gehören in die Biotonne oder in den Restmüll. Alles andere ist eine Schweinerei aus Bequemlichkeit.

---

[24] ...der – bitte nicht falsch verstehen - nicht wirklich putzen soll, sondern nur in geringem Umfang, ohne sich die Hände schmutzig zu machen, mit wenigen Handgriffen, für einen besseren Gesamteindruck sorgt.

VIER GIMMICKS

I. CREMES IN TUBEN

In diesem Abschnitt geht es nicht mehr ums Putzen o.ä., sondern um den *ökonomischen Umgang mit Creme-Ressourcen*.

Scherz beiseite. Wir alle nutzen (z.B. Gesichts-) Cremes, die aus Plastiktuben kommen. Irgendwann werden sie leer. Dann schütteln wir sie, drücken und quetschen und werfen sie weg, wenn nichts mehr rauskommt.
Leer ist sie dann im Regelfall aber noch lange nicht!

Glaubst Du nicht?
Dann schneide so eine Tube mal auf.[25]
Ich hab's getan (wahrscheinlich aus Langeweile) und war sehr erstaunt, wie viel noch drin war. Meine Tagescreme kommt aus so einer Plastiktube. Mit dem *Restinhalt* creme ich mich mindestens noch eine Woche ein. Das sollte man nutzen. Nicht nur aus Kostengründen.

Häufig lege ich mir vor einem Urlaub eine oder zwei vermeintlich leere Tuben weg. Die Creme darin ist für die Urlaubszeit ausreichend und hat nicht mehr viel so Gewicht.

---

[25] Achtung bitte nur bei Plastiktuben!! Metall ist zu scharf.

II. TOD DEM UNKRAUT!

Dieses Thema möchte ich Euch noch gerne mit auf den Weg geben.

Denn den Tod des Unkrauts kann man auf sehr unterschiedliche Art und Weise herbeiführen. Ich favorisiere die Pestizid freie und habe auch keine Lust jedem noch so kleinen Unkraut hinterher zu jagen. Weder mit der chemischen Keule noch mit der Pinzette. Nee, da mach ich es mir lieber einfach! Und Zeit ist ja bekanntlich kostbar.

Und um diese zu sparen sorge ich für den Tod des Unkrauts durch
heißes Wasser!

Also:
Wasser aufkochen, raus marschieren und die Zielpflanze möglichst genau anvisieren (z.B. beim Löwenzahn die Mitte).
Die Pflanzen verfärben sich dann sehr intensiv grün und versterben. Denn kein Organismus[26] überlebt eine Temperatur von ca. 68 Grad Celsius. Dann gibt alles den Löffel ab.
Das kann man nutzen, z.B. am Straßenrand, auf der Terrasse und bei Fugen jeglicher Art.[27]
Umweltfreundlicher geht es nicht.
Und für die Pflanze ist es ein schneller Hitzetod!

---

[26] Außer manchen Bakterien, die in heißen Schloten auf dem Meeresgrund leben.

[27] Auf der Wiese allerdings nicht, da diese rund um das Unkraut mit absterben würde.

III. SPINNEN
- TUN UNS NIX & WIR IHNEN AUCH NICHT

Spinnen sind außerordentlich nützliche
Insektenvertilger.
JAAAAA
und haben außerdem acht Beine
und sehen gruselig aus.

Dies führt dazu, dass viele Mitbürgerinnen und
Mitbürger ihre Arachnophobie ausleben und bei jedem
gesichteten Spinnentier selbiges platt hauen.
Warum eigentlich?
Denn die Wahrscheinlichkeit überhaupt von einer
Spinne gebissen zu werden ist verschwindend gering.
Spinnen ergreifen –wenn sie uns sehen- lieber die
Flucht oder stellen sich tot.

Was also tun, wenn man einer Spinne begegnet?
Zunächst mal ruhig bleiben!
Denn wenn man zu schnelle Bewegungen macht,
ergreift sie die Flucht und ist aufgrund ihrer
Schnelligkeit flott unter dem Schrank verschwunden.

Was also tun?
Für diesen Moment haben wir einen Plastik-
Trinkbecher[28] von unserem Lieblingsschweden
zweckentfremdet.
Außerdem braucht man z.B. eine Postkarte.
ZACK (nach langsamer Annäherung!) den Becher auf
die Spinne setzen, die Postkarte drunter schieben und
schon geht's ab nach draußen.

---

[28] Auf diesem habe ich eine Spinne gemalt und „Insects only"
draufgeschrieben.

Dort die Spinne beliebig absetzen.[29]
Dabei bitte nicht panisch den ganzen Becher in
Nachbars Garten werfen.
Die Spinne tut nix und ist froh, wenn sie das Weite
suchen kann.
Wirklich![30]

---

[29] Mit mind. 5 Metern Abstand zur Tür.

[30] Bitte daran denken, dass die meisten Spinnen nur ein Jahr leben.
Diese kurze Lebensspanne wollen wir ihnen doch nicht auch noch
verkürzen.
Die Nummer mit dem Staubsauger führt übrigens dazu, dass den
Spinnen die Beine abgerissen werden und sie im Beutel verhungern.
Kein schöner Tod!

IV. FRUCHTFLIEGEN

Ich hasse Fruchtfliegen!
Wie sie um uns oder unser Obst kreisen, kann ich
überhaupt nicht leiden.
Deshalb haben Fruchtfliegen bei mir keine Chance.
Sicher hast Du, genau wie ich, schon mal eine
Fruchtfliegenfalle (mit wahrscheinlich 2500% Gewinn
für den Verkäufer) erstanden. Will sagen, die Dinger
sind total überteuert und dazu noch überflüssig.

Ich fange Fruchtfliegen mit einer Rotweinflasche.
Zunächst musst die Flasche (wie auch immer) geleert
werden. Am Boden verbleibt immer ein Rotweinrest.
Auf diesen schütten wir ein wenig Wasser (1-2cm) und
wichtig einen Tropfen Spülmittel.

Dann geht es wie folgt weiter:
Man stellt die Flasche an eine Stelle, wo auffallend
viele Fruchtfliegen sind (z.B. Obstkorb). Die
Fruchtfliegen sammeln sich zunächst am Flaschenhals
oben und scheinen zu schnuppern. Versammelt haben
wir sie also schon mal.
Mit der Zeit suchen sie über den Flaschenhals den
Weg nach unten – können dem Geruch also nicht
widerstehen. Sind sie erst einmal im Bauch der
Flaschen angelangt, kommen sie kaum wieder hoch.

Wenn Du jetzt den Tropfen Spüli vergessen hast, dann
merkst Du das. Denn die Biester sind aufgrund der
Oberflächenspannung des Wassers in der Lage auf
diesem zu laufen.
Das wollen wir aber nicht. Deshalb kannst Du auch
jetzt noch einen Topfen Spüli hinzugeben und schon
sinken sie nach unten und ertrinken.
Tut mir ja auch leid!